Ce journal de lectures appartient à

....

La lecture et les mots

« Les Mots sont des émotions, et chaque émotion est personnelle, propre à chacun. Je ne pourrais pas te les décrire, même si je le voulais, car un même Mot ne nous affecterait pas de la même manière. »

Alric et Jennifer Twice,
La Passeuse de Mots, tome 1

« Moi, je te connais mieux que personne. Je t'ai rencontré dans les pages de ton journal. J'ai lu tes mots et j'ai vécu avec toi. »

Justine Buhl, ***Ma Chère Juliet***

« Je ne voulais pas dire adieu à ses mots poignants, à sa prose inspirante, mais il le fallait. Rien n'est éternel. »

Tillie Cole, ***Mille morceaux de cœur brisé***

« Je frétille à l'idée de veiller jusqu'au lever du soleil pour m'enivrer de ces récits d'aventures, d'amour et de magie. »

Marie F. Florie, ***B comme Book Boyfriend***

« Entre les pages, on est à l'abri : le chagrin est limité, il n'y a pas de séquelle, pas d'onde de choc. »

Alex Light, ***Comme dans les livres***

« Iliade pensait que la littérature était le plus puissant des boucliers, ce qui ne l'empêchait pas de trébucher sur les pavés ou de percuter les promeneurs parce qu'elle déambulait le nez dans les bouquins. »

Judith Bouilloc, ***L'Arrache-mots***

Table des matières

Colorie les éléments qui font partie
de ta routine de lecture

Qui suis-je ?

• Si tu étais une scène de roman, laquelle serais-tu ?

• Dans quel univers de fiction aimerais-tu vivre ?

• Quel compagnon/quelle compagne de héros/héroïne serais-tu ?

• Ton endroit favori où lire :

• Le livre que tu conseilles les yeux fermés :

• Si tu pouvais dire quelque chose à ton auteur.rice préféré.e, qu'est-ce que ce serait ?

• Un genre que tu penses ne jamais lire :

• Si tu écrivais un roman, quel serait le prénom du/de la protagoniste principal.e ?

• Un livre que tu as adoré enfant et que tu aimerais relire :

• Quel format de livre serais-tu (relié, broché, poche, etc.) ?

- Une couverture de livre que tu adores tout particulièrement :

- Ton adaptation littéraire préférée :

- Si tu pouvais relire un livre comme si c'était la première fois, lequel choisirais-tu ?

- Si tu avais un pouvoir magique, lequel serait-ce ?

- La personne avec qui tu peux parler de tes lectures :

Mes coups de cœur

Titre :

Auteur.rice :

Titre :

Auteur.rice :

Titre :

Auteur.rice :

Titre :

Auteur.rice :

Titre :

Auteur.rice :

Titre :

Auteur.rice :

Titre :

Auteur.rice :

Titre :

Auteur.rice :

Titre :

Auteur.rice :

Titre :

Auteur.rice :

Titre :

Auteur.rice :

Titre :

Auteur.rice :

Titre :

Auteur.rice :

Titre :

Auteur.rice :

Titre :

Auteur.rice :

Titre :

Auteur.rice :

Titre :

Auteur.rice :

Titre :

Auteur.rice :

Titre :

Auteur.rice :

Titre :

Auteur.rice :

Titre :

Auteur.rice :

Titre :

Auteur.rice :

Titre :

Auteur.rice :

Titre :

Auteur.rice :

Titre :

Auteur.rice :

Titre :

Auteur.rice :

Titre :

Auteur.rice :

Titre :

Auteur.rice :

Titre :

Auteur.rice :

Titre :

Auteur.rice :

Titre :

Auteur.rice :

Titre :

Auteur.rice :

Titre :

Auteur.rice :

Titre :

Auteur.rice :

Titre :

Auteur.rice :

Titre :

Auteur.rice :

Titre :

Auteur.rice :

Titre :

Auteur.rice :

Une année en livres

Tous les événements et sorties littéraires à ne pas manquer !

Janvier

Février

Mars

Avril

Mai

Juin

Juillet

Août

Septembre

Octobre

Novembre

Décembre

Chronique n°1

Titre :

Auteur.rice :

Genre :

☆ ☆ ☆ ☆ ☆ ♡

Commencé le

__ / __ / __

Terminé le

__ / __ / __

Format de lecture :

- ◯ Papier
- ◯ Audio
- ◯ Numérique

Nombre de pages :

Traducteur.rice :

Illustrateur.rice :

Mon avis :

Résumé :

Recommandé par :

À conseiller à :

Notes diverses :

Passages / personnages préférés :

Thèmes / Mots-clés :

Chronique n°2

Titre :

Auteur.rice :

Genre :

☆☆☆☆☆♡

Commencé le

__/__/__

Terminé le

__/__/__

Format
de lecture :

- ◯ Papier
- ◯ Audio
- ◯ Numérique

Nombre
de pages :

Traducteur.rice :

Illustrateur.rice :

Mon avis :

Résumé :

Recommandé par :

À conseiller à :

Notes diverses :

Thèmes / Mots-clés :

Passages / personnages préférés :

Chronique n°3

Titre :

Auteur.rice :

Genre :

☆☆☆☆☆♡

Commencé le

__/__/__

Terminé le

__/__/__

Format
de lecture :

- Papier
- Audio
- Numérique

Nombre
de pages :

Traducteur.rice :

Illustrateur.rice :

Mon avis :

Résumé :

Recommandé par :

À conseiller à :

Notes diverses :

Thèmes / Mots-clés :

Passages / personnages préférés :

Chronique n°4

Titre :

Auteur.rice :

Genre :

☆☆☆☆☆♡

Commencé le

__ / __ / __

Terminé le

__ / __ / __

Format de lecture :

- ◯ Papier
- ◯ Audio
- ◯ Numérique

Nombre de pages :

Traducteur.rice :

Illustrateur.rice :

Mon avis :

Résumé :

Recommandé par :

À conseiller à :

Notes diverses :

Thèmes / Mots-clés :

Passages / personnages préférés :

Chronique n°5

Titre :

Auteur.rice :

Genre :

☆☆☆☆☆♡

Commencé le

__/__/__

Terminé le

__/__/__

Format
de lecture :

- Papier
- Audio
- Numérique

Nombre
de pages :

Traducteur.rice :

Illustrateur.rice :

Mon avis :

Résumé :

Recommandé par :

À conseiller à :

Notes diverses :

Thèmes / Mots-clés :

Passages / personnages préférés :

Chronique n°6

Titre :

Auteur.rice :

Genre :

☆☆☆☆☆♡

Commencé le

__/__/__

Terminé le

__/__/__

Format de lecture :

◯ Papier

◯ Audio

◯ Numérique

Nombre de pages :

Traducteur.rice :

Illustrateur.rice :

Mon avis :

Résumé :

Recommandé par :

À conseiller à :

Notes diverses :

Passages / personnages préférés :

Thèmes / Mots-clés :

Chronique n°7

Titre :

Auteur.rice :

Genre :

☆☆☆☆☆♡

Commencé le

__ / __ / __

Terminé le

__ / __ / __

Format
de lecture :

◯ Papier

◯ Audio

◯ Numérique

Nombre
de pages :

Traducteur.rice :

Illustrateur.rice :

Mon avis :

Résumé :

Recommandé par :

À conseiller à :

Notes diverses :

Passages / personnages préférés :

Thèmes / Mots-clés :

Chronique n°8

Titre :

Auteur.rice :

Genre :

☆☆☆☆☆♡

Commencé le

__ / __ / __

Terminé le

__ / __ / __

Format
de lecture :

- ◯ Papier
- ◯ Audio
- ◯ Numérique

Nombre
de pages :

Traducteur.rice :

Illustrateur.rice :

Mon avis :

Résumé :

Recommandé par :

À conseiller à :

Notes diverses :

Thèmes / Mots-clés :

Passages / personnages préférés :

Chronique n°9

Titre :

Auteur.rice :

Genre :

☆☆☆☆☆♡

Commencé le

__/__/__

Terminé le

__/__/__

Format
de lecture :

- Papier
- Audio
- Numérique

Nombre
de pages :

Traducteur.rice :

Illustrateur.rice :

Mon avis :

Résumé :

Recommandé par :

À conseiller à :

Notes diverses :

Thèmes / Mots-clés :

Passages / personnages préférés :

Chronique n°10

Titre :

Auteur.rice :

Genre :

☆☆☆☆☆♡

Commencé le

__/__/__

Terminé le

__/__/__

Format de lecture :

- ◯ Papier
- ◯ Audio
- ◯ Numérique

Nombre de pages :

Traducteur.rice :

Illustrateur.rice :

Mon avis :

Résumé :

Recommandé par :

À conseiller à :

Notes diverses :

Thèmes / Mots-clés :

Passages / personnages préférés :

Chronique n°11

Titre :

Auteur.rice :

Genre :

☆ ☆ ☆ ☆ ☆ ♡

Commencé le

__ / __ / __

Terminé le

__ / __ / __

Format
de lecture :

- ◯ Papier
- ◯ Audio
- ◯ Numérique

Nombre
de pages :

Traducteur.rice :

Illustrateur.rice :

Mon avis :

Résumé :

Recommandé par :

À conseiller à :

Notes diverses :

Thèmes / Mots-clés :

Passages / personnages préférés :

Chronique n°12

Titre :

Auteur.rice :

Genre :

☆☆☆☆☆♡

Commencé le

__/__/__

Terminé le

__/__/__

Format de lecture :

- Papier
- Audio
- Numérique

Nombre de pages :

Traducteur.rice :

Illustrateur.rice :

Mon avis :

Résumé :

Recommandé par :

À conseiller à :

Notes diverses :

Passages / personnages préférés :

Thèmes / Mots-clés :

« Citation »

Les citations qui me font vibrer

« Pour nous, il n'y a pas de passé ou de futur, il n'y a que des voix dans la tempête que représente le temps. »

Nell Pfeiffer,
L'Engrange-Temps

«

«

«

«

«

« Je ne dois pas me tenir éloignée du feu. Il me faut au contraire plonger en lui, me délecter de sa puissance. Pour être libre, il me faut le dompter. »

Alice Doublier, ***Elles et le feu***

«

«

«

«

«

«

«

« Nul n'échappe à son destin... Mon destin coule dans vos veines et le vôtre dans les miennes. »

Sarah Abassi,
La Tisseuse de Mélodies

BINGO !

Lire un livre avec une couverture illustrée	Faire dédicacer un roman lu dans l'année	Publier une chronique sur une plateforme de lecture en ligne	Terminer un livre en une seule session de lecture	Lire un roman engagé
Découvrir un genre littéraire que je ne connaissais pas	Lire une romance de Noël	Se faire conseiller un livre	Lire un livre primé	Participer à une lecture commune
Lire un roman écrit à quatre mains	Acheter plus de quatre livres la même journée	Acheter un premier roman	Se plonger dans un roman dont le titre commence par un N	Relire un roman pour la troisième fois
Annoter un livre	Lire deux livres en une seule journée	Regarder une adaptation littéraire	Lire un livre audio de plus de 15 heures	Se rendre à un salon du livre
Lire tous les jours pendant une semaine	Lire une intégrale	Lire un roman se déroulant en Asie	Lire jusqu'au lever du jour	Lire un livre avec une représentation queer

THIS OR THAT

	OR	
Livre papier		Livre numérique
Grand format		Poche
Première personne		Troisième personne
One shot		Saga
Bibliothèque		Librairie
Café		Thé
Devoir relire son livre préféré tous les mois		Ne plus jamais pouvoir lire son livre préféré
Film		Série
Vivre dans l'univers de ton livre préféré		Sortir ton personnage préféré de son livre
Emprunter		Acheter
Lire		Écrire
Friends to lovers		Enemies to lovers
Rencontrer son auteur.rice préféré.e		Rencontrer son personnage préféré
Fantasy		Romance

Avis lecture
n°1

Titre :

Auteur.rice :

Traducteur.rice :

Genre :

Illustrateur.rice :

Pitch :

Commencé le

__/__/__

Terminé le

__/__/__

Mon avis :

Format
de lecture :

- Papier
- Audio
- Numérique

Nombre
de pages :

Thèmes /
Mots-clés :

Notes divers :

Avis lecture
n°2

Titre :

Auteur.rice :

Traducteur.rice :

Genre :

Illustrateur.rice :

Pitch :

Commencé le

__ / __ / __

Terminé le

__ / __ / __

Mon avis :

Format
de lecture :

- Papier
- Audio
- Numérique

Nombre
de pages :

Thèmes /
Mots-clés :

Notes divers :

Avis lecture
n°3

Titre :

Auteur.rice :

Traducteur.rice :

Genre :

Illustrateur.rice :

☆☆☆☆☆♡

Pitch :

Commencé le

__/__/__

Terminé le

__/__/__

Mon avis :

Format
de lecture :

- ◯ Papier
- ◯ Audio
- ◯ Numérique

Nombre
de pages :

Thèmes /
Mots-clés :

Notes divers :

Avis lecture
n°4

Titre :

Auteur.rice :

Traducteur.rice :

Genre :

Illustrateur.rice :

☆☆☆☆☆♡

Pitch :

Commencé le

__ / __ / __

Terminé le

__ / __ / __

Mon avis :

Format de lecture :

◯ Papier

◯ Audio

◯ Numérique

Nombre de pages :

Thèmes / Mots-clés :

Notes divers :

Avis lecture
n°5

Titre :

Auteur.rice :

Traducteur.rice :

Genre :

Illustrateur.rice

☆☆☆☆☆♡

Pitch :

Commencé le

__/__/__

Terminé le

__/__/__

Mon avis :

Format
de lecture :

- ◯ Papier
- ◯ Audio
- ◯ Numérique

Nombre
de pages :

Thèmes /
Mots-clés :

Notes divers :

Avis lecture
n°6

Titre :

Auteur.rice :

Traducteur.rice :

Genre :

Illustrateur.rice :

Pitch :

Commencé le

__/__/__

Terminé le

__/__/__

Mon avis :

Format
de lecture :

- Papier
- Audio
- Numérique

Nombre
de pages :

Thèmes /
Mots-clés :

Notes divers :

Avis lecture
n°7

Titre :

Auteur.rice :

Traducteur.rice :

Genre :

Illustrateur.rice :

☆☆☆☆☆♡

Pitch :

Commencé le

__ / __ / __

Terminé le

__ / __ / __

Mon avis :

Format
de lecture :

- ◯ Papier
- ◯ Audio
- ◯ Numérique

Nombre
de pages :

Thèmes /
Mots-clés :

Notes divers :

Avis lecture
n°8

Titre :

Auteur.rice :

Traducteur.rice :

Genre :

Illustrateur.rice :

Pitch :

Commencé le

__ / __ / __

Terminé le

__ / __ / __

Mon avis :

Format de lecture :

- Papier
- Audio
- Numérique

Nombre de pages :

Thèmes / Mots-clés :

Notes divers :

Avis lecture
n°9

Titre :

Auteur.rice :

Traducteur.rice :

Genre :

Illustrateur.rice :

☆☆☆☆☆♡

Pitch :

Commencé le
__/__/__

Terminé le
__/__/__

Mon avis :

Format
de lecture :

- Papier
- Audio
- Numérique

Nombre
de pages :

Thèmes /
Mots-clés :

Notes divers :

Avis lecture
n°10

Titre :

Auteur.rice :

Traducteur.rice :

Genre :

Illustrateur.rice :

☆☆☆☆☆♡

Pitch :

Commencé le

__/__/__

Terminé le

__/__/__

Mon avis :

Format
de lecture :

◯ Papier
◯ Audio
◯ Numérique

Nombre
de pages :

Thèmes /
Mots-clés :

Notes divers :

Avis lecture
n°11

Titre :

Auteur.rice :

Traducteur.rice :

Genre :

Illustrateur.rice :

☆☆☆☆☆♡

Pitch :

Commencé le
__/__/__

Terminé le
__/__/__

Mon avis :

Format
de lecture :

◯ Papier
◯ Audio
◯ Numérique

Nombre
de pages :

Thèmes /
Mots-clés :

Notes divers :

Avis lecture
n°12

Titre :

Auteur.rice :

Traducteur.rice :

Genre :

Illustrateur.rice :

☆☆☆☆☆♡

Pitch :

Commencé le

__/__/__

Terminé le

__/__/__

Mon avis :

Format
de lecture :

◯ Papier

◯ Audio

◯ Numérique

Nombre
de pages :

Thèmes /
Mots-clés :

Notes divers :

Avis lecture
n°13

Titre :

Auteur.rice :

Traducteur.rice :

Genre :

Illustrateur.rice :

☆☆☆☆☆♡

Pitch :

Commencé le

__ / __ / __

Terminé le

__ / __ / __

Mon avis :

Format
de lecture :

- ◯ Papier
- ◯ Audio
- ◯ Numérique

Nombre
de pages :

Thèmes /
Mots-clés :

Notes divers :

Avis lecture
n°14

Titre :

Auteur.rice :

Traducteur.rice :

Genre :

Illustrateur.rice :

Pitch :

Commencé le

___/___/___

Terminé le

___/___/___

Mon avis :

Format
de lecture :

- Papier
- Audio
- Numérique

Nombre
de pages :

Thèmes /
Mots-clés :

Notes divers :

Avis lecture
n°15

Titre :

Auteur.rice :

Traducteur.rice :

Genre :

Illustrateur.rice :

☆☆☆☆☆♡

Pitch :

Commencé le

__/__/__

Terminé le

__/__/__

Mon avis :

Format
de lecture :

◯ Papier

◯ Audio

◯ Numérique

Nombre
de pages :

Thèmes /
Mots-clés :

Notes divers :

Avis lecture
n°16

Titre :

Auteur.rice :

Traducteur.rice :

Genre :

Illustrateur.rice :

☆☆☆☆☆♡

Pitch :

Commencé le

__/__/__

Terminé le

__/__/__

Mon avis :

Format de lecture :

- Papier
- Audio
- Numérique

Nombre de pages :

Thèmes / Mots-clés :

Notes divers :

Avis lecture
n°17

Titre :

Auteur.rice :

Traducteur.rice

Genre :

Illustrateur.rice

☆☆☆☆☆♡

Pitch :

Commencé le

__/__/__

Terminé le

__/__/__

Mon avis :

Format
de lecture :

- ◯ Papier
- ◯ Audio
- ◯ Numérique

Nombre
de pages :

Thèmes /
Mots-clés :

Notes divers :

Avis lecture
n°18

Titre :

Auteur.rice :

Traducteur.rice :

Genre :

Illustrateur.rice :

☆☆☆☆☆♡

Pitch :

Commencé le

__ / __ / __

Terminé le

__ / __ / __

Mon avis :

Format
de lecture :

- ○ Papier
- ○ Audio
- ○ Numérique

Nombre
de pages :

Thèmes /
Mots-clés :

Notes divers :

Avis lecture
n°19

Titre :

Auteur.rice :

Traducteur.rice

Genre :

Illustrateur.rice

Pitch :

Commencé le

__/__/__

Terminé le

__/__/__

Mon avis :

Format
de lecture :

- Papier
- Audio
- Numérique

Nombre
de pages :

Thèmes /
Mots-clés :

Notes divers :

Avis lecture
n°20

Titre :

Auteur.rice :

Traducteur.rice :

Genre :

Illustrateur.rice :

Pitch :

Commencé le

__/__/__

Terminé le

__/__/__

Mon avis :

Format
de lecture :

- Papier
- Audio
- Numérique

Nombre
de pages :

Thèmes /
Mots-clés :

Notes divers :

Avis lecture
n°21

Titre :

Auteur.rice :

Traducteur.rice :

Genre :

Illustrateur.rice :

☆☆☆☆☆♡

Pitch :

Commencé le

__ / __ / __

Terminé le

__ / __ / __

Mon avis :

Format
de lecture :

◯ Papier
◯ Audio
◯ Numérique

Nombre
de pages :

Thèmes /
Mots-clés :

Notes divers :

Avis lecture
n°22

Titre :

Auteur.rice :

Traducteur.rice :

Genre :

Illustrateur.rice :

☆☆☆☆☆♡

Pitch :

Commencé le

__ / __ / __

Terminé le

__ / __ / __

Mon avis :

Format
de lecture :

- ◯ Papier
- ◯ Audio
- ◯ Numérique

Nombre
de pages :

Thèmes /
Mots-clés :

Notes divers :

« Citation »

Les citations qui me font pleurer

«

« Je veux que tu saches que si je pouvais revenir en arrière, je te dirais que je t'aime, que je t'aimerai toujours, peu importe de qui tu tombes amoureuse. »

Alyson Derrick,
Souviens-toi de moi

«

«

« Toi et moi, on s'est aimés trop fort et trop jeunes. Notre amour a brûlé si fort qu'il s'est éteint trop tôt. »

Tillie Cole, *Mille baisers pour un garçon*

«

«

«

«

«

« Il est parti. Je ne vois ni n'entends plus, je pleure. Je tombe, et tombe enfin le silence. »

Sarah Sprinz, ***Dans notre univers, nous sommes infinis***

«

«

«

«

QUEL PERSONNAGE ES-TU ?

Chocolat chaud	Matin	TikTok	Fantasy	The Chosen One
Boisson pétillante	Après-midi	Instagram	Romance	Fake Dating
Café	Nuit	Pinterest	Thriller	Enemies to lovers

Dans chaque colonne, entoure la réponse qui te correspond le plus, puis compte le nombre d'occurrences que tu obtiens sur chaque ligne. Découvre ainsi le personnage de roman que tu es !

Broché	**Or**	**Printemps**	**Fées**	**Le / La protagoniste dans une fantasy**
Livre audio	**Rose**	**Été**	**Animaux**	**Le / La meilleur.e ami.e dans une romance**
Relié	**Noir**	**Automne**	**Monstres**	**L'antagoniste de l'histoire**

En bref —— n°1

Titre :

Auteur.rice :

Genre :

Commencé le __/__/__ Terminé le __/__/__

Mon avis : ☆☆☆☆☆♡

En bref —— n°2

Titre :

Auteur.rice :

Genre :

Commencé le __/__/__ Terminé le __/__/__

Mon avis : ☆☆☆☆☆♡

En bref —— n°3

Titre :

Auteur.rice :

Genre :

Commencé le __/__/__ Terminé le __/__/__

Mon avis : ☆☆☆☆☆♡

En bref —— n°4

Titre :

Auteur.rice :

Genre :

Commencé le __/__/__ Terminé le __/__/__

Mon avis : ☆☆☆☆☆♡

En bref —— n°5

Titre :

Auteur.rice :

Genre :

Commencé le __/__/__ Terminé le __/__/__

Mon avis : ☆☆☆☆☆♡

En bref —— n°6

Titre :

Auteur.rice :

Genre :

Commencé le __/__/__ Terminé le __/__/__

Mon avis : ☆☆☆☆☆♡

En bref —— n°7

Titre :

Auteur.rice :

Genre :

Commencé le __/__/__ Terminé le __/__/__

Mon avis : ☆☆☆☆☆♡

En bref —— n°8

Titre :

Auteur.rice :

Genre :

Commencé le __/__/__ Terminé le __/__/__

Mon avis : ☆☆☆☆☆♡

En bref —— n°9

Titre :

Auteur.rice :

Genre :

Commencé le __/__/__

Terminé le __/__/__

Mon avis : ☆☆☆☆☆♡

En bref —— n°10

Titre :

Auteur.rice :

Genre :

Commencé le __/__/__

Terminé le __/__/__

Mon avis : ☆☆☆☆☆♡

En bref —— n°11

Titre :

Auteur.rice :

Genre :

Commencé le __/__/__

Terminé le __/__/__

Mon avis : ☆☆☆☆☆♡

En bref —— n°12

Titre :

Auteur.rice :

Genre :

Commencé le __/__/__

Terminé le __/__/__

Mon avis : ☆☆☆☆☆♡

En bref —— n°13

Titre :

Auteur.rice :

Genre :

Commencé le __/__/__

Terminé le __/__/__

Mon avis : ☆☆☆☆☆♡

En bref —— n°14

Titre :

Auteur.rice :

Genre :

Commencé le __/__/__

Terminé le __/__/__

Mon avis : ☆☆☆☆☆♡

En bref —— n°15

Titre :

Auteur.rice :

Genre :

Commencé le __/__/__

Terminé le __/__/__

Mon avis : ☆☆☆☆☆♡

En bref —— n°16

Titre :

Auteur.rice :

Genre :

Commencé le __/__/__

Terminé le __/__/__

Mon avis : ☆☆☆☆☆♡

En bref — n°17

Titre :

Auteur.rice :

Genre :

Commencé le __/__/__ Terminé le __/__/__

Mon avis : ☆☆☆☆☆♡

En bref — n°18

Titre :

Auteur.rice :

Genre :

Commencé le __/__/__ Terminé le __/__/__

Mon avis : ☆☆☆☆☆♡

En bref — n°19

Titre :

Auteur.rice :

Genre :

Commencé le __/__/__ Terminé le __/__/__

Mon avis : ☆☆☆☆☆♡

En bref — n°20

Titre :

Auteur.rice :

Genre :

Commencé le __/__/__ Terminé le __/__/__

Mon avis : ☆☆☆☆☆♡

En bref —— n°21

Titre :

Auteur.rice :

Genre :

Commencé le __/__/__

Terminé le __/__/__

Mon avis : ☆☆☆☆☆♡

En bref —— n°22

Titre :

Auteur.rice :

Genre :

Commencé le __/__/__

Terminé le __/__/__

Mon avis : ☆☆☆☆☆♡

En bref —— n°23

Titre :

Auteur.rice :

Genre :

Commencé le __/__/__

Terminé le __/__/__

Mon avis : ☆☆☆☆☆♡

En bref —— n°24

Titre :

Auteur.rice :

Genre :

Commencé le __/__/__

Terminé le __/__/__

Mon avis : ☆☆☆☆☆♡

En bref n°25

Titre :

Auteur.rice :

Genre :

Commencé le __/__/__ Terminé le __/__/__

Mon avis : ☆☆☆☆☆♡

En bref n°26

Titre :

Auteur.rice :

Genre :

Commencé le __/__/__ Terminé le __/__/__

Mon avis : ☆☆☆☆☆♡

En bref n°27

Titre :

Auteur.rice :

Genre :

Commencé le __/__/__ Terminé le __/__/__

Mon avis : ☆☆☆☆☆♡

En bref n°28

Titre :

Auteur.rice :

Genre :

Commencé le __/__/__ Terminé le __/__/__

Mon avis : ☆☆☆☆☆♡

En bref ——— n°29

Titre :

Auteur.rice :

Genre :

Commencé le __/__/__ Terminé le __/__/__

Mon avis : ☆☆☆☆☆♡

En bref ——— n°30

Titre :

Auteur.rice :

Genre :

Commencé le __/__/__ Terminé le __/__/__

Mon avis : ☆☆☆☆☆♡

En bref ——— n°31

Titre :

Auteur.rice :

Genre :

Commencé le __/__/__ Terminé le __/__/__

Mon avis : ☆☆☆☆☆♡

En bref ——— n°32

Titre :

Auteur.rice :

Genre :

Commencé le __/__/__ Terminé le __/__/__

Mon avis : ☆☆☆☆☆♡

En bref — n°33

Titre :

Auteur.rice :

Genre :

Commencé le __/__/__

Terminé le __/__/__

Mon avis : ☆☆☆☆☆♡

En bref — n°34

Titre :

Auteur.rice :

Genre :

Commencé le __/__/__

Terminé le __/__/__

Mon avis : ☆☆☆☆☆♡

En bref — n°35

Titre :

Auteur.rice :

Genre :

Commencé le __/__/__

Terminé le __/__/__

Mon avis : ☆☆☆☆☆♡

En bref — n°36

Titre :

Auteur.rice :

Genre :

Commencé le __/__/__

Terminé le __/__/__

Mon avis : ☆☆☆☆☆♡

En bref —— n°37

Titre :

Auteur.rice :

Genre :

Commencé le __/__/__ Terminé le __/__/__

Mon avis : ☆☆☆☆☆♡

En bref —— n°38

Titre :

Auteur.rice :

Genre :

Commencé le __/__/__ Terminé le __/__/__

Mon avis : ☆☆☆☆☆♡

En bref —— n°39

Titre :

Auteur.rice :

Genre :

Commencé le __/__/__ Terminé le __/__/__

Mon avis : ☆☆☆☆☆♡

En bref —— n°40

Titre :

Auteur.rice :

Genre :

Commencé le __/__/__ Terminé le __/__/__

Mon avis : ☆☆☆☆☆♡

En bref —— n°41

Titre :

Auteur.rice :

Genre :

Commencé le __/__/__

Terminé le __/__/__

Mon avis : ☆☆☆☆☆♡

En bref —— n°42

Titre :

Auteur.rice :

Genre :

Commencé le __/__/__

Terminé le __/__/__

Mon avis : ☆☆☆☆☆♡

En bref —— n°43

Titre :

Auteur.rice :

Genre :

Commencé le __/__/__

Terminé le __/__/__

Mon avis : ☆☆☆☆☆♡

En bref —— n°44

Titre :

Auteur.rice :

Genre :

Commencé le __/__/__

Terminé le __/__/__

Mon avis : ☆☆☆☆☆♡

En bref —— n°45

Titre :

Auteur.rice :

Genre :

Commencé le __/__/__ Terminé le __/__/__

Mon avis : ☆☆☆☆☆♡

En bref —— n°46

Titre :

Auteur.rice :

Genre :

Commencé le __/__/__ Terminé le __/__/__

Mon avis : ☆☆☆☆☆♡

En bref —— n°47

Titre :

Auteur.rice :

Genre :

Commencé le __/__/__ Terminé le __/__/__

Mon avis : ☆☆☆☆☆♡

En bref —— n°48

Titre :

Auteur.rice :

Genre :

Commencé le __/__/__ Terminé le __/__/__

Mon avis : ☆☆☆☆☆♡

En bref —— n°49

Titre :

Auteur.rice :

Genre :

Commencé le __/__/__ Terminé le __/__/__

Mon avis : ☆☆☆☆☆♡

En bref —— n°50

Titre :

Auteur.rice :

Genre :

Commencé le __/__/__ Terminé le __/__/__

Mon avis : ☆☆☆☆☆♡

En bref —— n°51

Titre :

Auteur.rice :

Genre :

Commencé le __/__/__ Terminé le __/__/__

Mon avis : ☆☆☆☆☆♡

En bref —— n°52

Titre :

Auteur.rice :

Genre :

Commencé le __/__/__ Terminé le __/__/__

Mon avis : ☆☆☆☆☆♡

En bref —— n°53

Titre :

Auteur.rice :

Genre :

Commencé le __/__/__ Terminé le __/__/__

Mon avis : ☆☆☆☆☆♡

En bref —— n°54

Titre :

Auteur.rice :

Genre :

Commencé le __/__/__ Terminé le __/__/__

Mon avis : ☆☆☆☆☆♡

En bref —— n°55

Titre :

Auteur.rice :

Genre :

Commencé le __/__/__ Terminé le __/__/__

Mon avis : ☆☆☆☆☆♡

En bref —— n°56

Titre :

Auteur.rice :

Genre :

Commencé le __/__/__ Terminé le __/__/__

Mon avis : ☆☆☆☆☆♡

« Citation »

Les citations qui me bousculent

«

« Le problème, c'est que quand je voulais être invisible, les gens ne voyaient plus que moi, et quand je voulais que tout le monde me remarque, mon corps commençait à disparaître. »

Eloy Moreno, *Invisible*

«

«

« Non, ce n'est pas oui. Le silence, ce n'est pas oui. Oui, après des dizaines de non, ce n'est pas oui. Oui, parce qu'on est forcé, ce n'est pas oui. »

Clara Héraut,
Nos plus belles années

«

«

«

«

«

«

«

«

« De près, le sans-abri semblait avoir environ son âge, peut-être un peu plus. Son cœur se serra, elle faillit faire demi-tour. Ce soir, elle dormirait au chaud, rassasiée et en sécurité ; lui, probablement pas. »

Célia Samba, ***La Rue qui nous sépare***

BOOK CRUSH

♥ Ta couleur préférée ?

a) Jaune b) Vert c) Gris

d) Or e) Rose

♥ Lequel de ces *dates* préfères-tu ?

a) Un après-midi en librairie

b) Aller à un match de football

c) Aller enquêter sur un mystère

d) Une session d'entraînement au combat

e) Une soirée cinéma à la maison

♥ Quelle est la qualité que tu cherches le plus chez quelqu'un ?

a) Joie b) Détermination c) Combativité

d) Fierté e) Nostalgie

♥ Tu as un problème, comment aimerais-tu que ta moitié réagisse ?

a) Te réconforte en t'offrant un cadeau

b) T'évite le temps de ton problème

c) Va combattre le problème à ta place

d) Va résoudre ton problème sans te le dire

e) Te rappelle de bons souvenirs pour t'aider à relativiser

♥ **Ton objet fétiche ?**

a) Un appareil photo b) Un ballon c) Une épée

d) Une couronne e) Un doudou

♥ **Si tu pouvais avoir un pouvoir, lequel serait-ce ?**

a) Pouvoir ressentir les émotions des autres

b) Être imbattable dans tous les domaines

c) Lire dans les pensées

d) Être immortel

e) Pouvoir guérir les autres

♥ **Où voudrais-tu vivre ?**

a) Un appartement en colocation

b) Un appartement luxueux dans une grande ville

c) Une cachette secrète

d) Un palais

e) Une maison au bord de la plage

♥ **Quel est ton trope préféré ?**

a) Friends to lovers b) Fake Dating c) Enemies to lovers

d) Mariage arrangé e) Soulmates

♥ **Quel animal préfères-tu ?**

a) Un chien b) Un poisson rouge c) Un corbeau

d) Un dragon e) Un chat

Résultats : (a) Le personnage solaire (b) Le / La sportif.ve
(c) Le / La morally gray character (d) L'héritier.ère (e) Le / La meilleur.e ami.e

Top contemporain

Titre	Auteur.rice	Notes

Top
imaginaire

Titre	Auteur.rice	Notes

Top
romance

Titre	Auteur.rice	Notes

Top illustré

Titre	Auteur.rice	Notes

« Citation »

Mes citations favorites

«

«

«

«

«

«

«

«

«

«

«

«

«

« Citation »

Mes citations favorites

«

«

«

«

«

«

«

«

«

«

«

«

«

«

Wishlist

Tu as peur d'oublier ce livre qui t'a fait de l'œil ?
Cette page est là pour toi !

Carte du monde

Le livre que tu viens de terminer se déroule en Australie ?
Personnalise cette carte en fonction de tes lectures !

Idées cadeaux

La lecture se partage, n'oublie pas d'offrir
et de te faire plaisir !

Pour:

Pour:

Pour:

Pour:

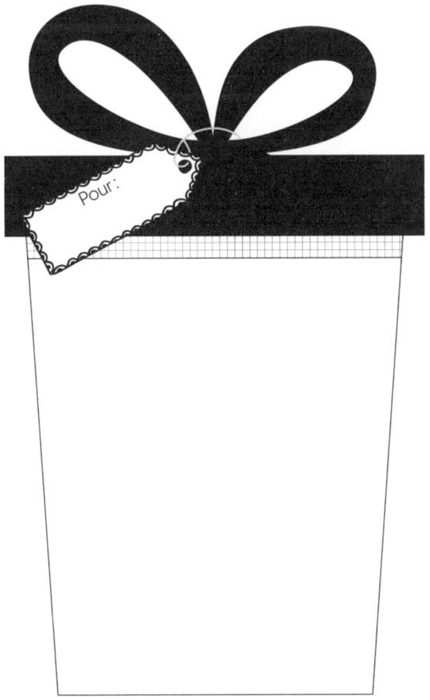
Pour:

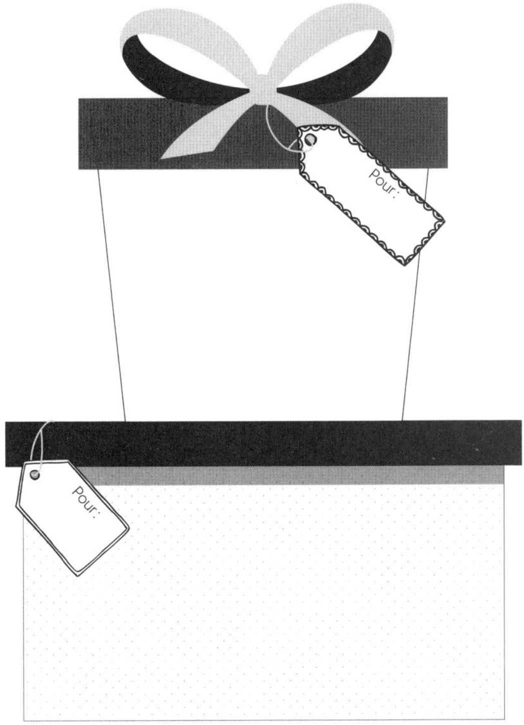
Pour:
Pour:

Mes livres empruntés

Titre + auteur.rice	Emprunté à…	Date	Statut
		__/__/__	Rendu ☐
		__/__/__	Rendu ☐
		__/__/__	Rendu ☐
		__/__/__	Rendu ☐
		__/__/__	Rendu ☐
		__/__/__	Rendu ☐
		__/__/__	Rendu ☐
		__/__/__	Rendu ☐
		__/__/__	Rendu ☐
		__/__/__	Rendu ☐
		__/__/__	Rendu ☐
		__/__/__	Rendu ☐
		__/__/__	Rendu ☐
		__/__/__	Rendu ☐
		__/__/__	Rendu ☐
		__/__/__	Rendu ☐

Promis, je te le rends...

Titre + auteur.rice	Emprunté à...	Date	Statut
		__/__/__	Rendu ☐
		__/__/__	Rendu ☐
		__/__/__	Rendu ☐
		__/__/__	Rendu ☐
		__/__/__	Rendu ☐
		__/__/__	Rendu ☐
		__/__/__	Rendu ☐
		__/__/__	Rendu ☐
		__/__/__	Rendu ☐
		__/__/__	Rendu ☐
		__/__/__	Rendu ☐
		__/__/__	Rendu ☐
		__/__/__	Rendu ☐
		__/__/__	Rendu ☐
		__/__/__	Rendu ☐
		__/__/__	Rendu ☐

Mes livres prêtés

Titre + auteur.rice	Prêté à...	Date	Statut
		__/__/__	Rendu ☐
		__/__/__	Rendu ☐
		__/__/__	Rendu ☐
		__/__/__	Rendu ☐
		__/__/__	Rendu ☐
		__/__/__	Rendu ☐
		__/__/__	Rendu ☐
		__/__/__	Rendu ☐
		__/__/__	Rendu ☐
		__/__/__	Rendu ☐
		__/__/__	Rendu ☐
		__/__/__	Rendu ☐
		__/__/__	Rendu ☐
		__/__/__	Rendu ☐
		__/__/__	Rendu ☐
		__/__/__	Rendu ☐

Rends-le ! En bon état

Titre + auteur.rice	Prêté à...	Date	Statut
		__/__/__	Rendu ☐
		__/__/__	Rendu ☐
		__/__/__	Rendu ☐
		__/__/__	Rendu ☐
		__/__/__	Rendu ☐
		__/__/__	Rendu ☐
		__/__/__	Rendu ☐
		__/__/__	Rendu ☐
		__/__/__	Rendu ☐
		__/__/__	Rendu ☐
		__/__/__	Rendu ☐
		__/__/__	Rendu ☐
		__/__/__	Rendu ☐
		__/__/__	Rendu ☐
		__/__/__	Rendu ☐
		__/__/__	Rendu ☐

Lectures abandonnées

Titre + auteur.rice	Mes raisons	
		Pages lues ___/___ Je réessaie ? ☐ Oui ☐ Non
		Pages lues ___/___ Je réessaie ? ☐ Oui ☐ Non
		Pages lues ___/___ Je réessaie ? ☐ Oui ☐ Non
		Pages lues ___/___ Je réessaie ? ☐ Oui ☐ Non
		Pages lues ___/___ Je réessaie ? ☐ Oui ☐ Non
		Pages lues ___/___ Je réessaie ? ☐ Oui ☐ Non
		Pages lues ___/___ Je réessaie ? ☐ Oui ☐ Non

Titre + auteur.rice	Mes raisons	
		Pages lues ___/___ Je réessaie ? ☐ Oui ☐ Non
		Pages lues ___/___ Je réessaie ? ☐ Oui ☐ Non
		Pages lues ___/___ Je réessaie ? ☐ Oui ☐ Non
		Pages lues ___/___ Je réessaie ? ☐ Oui ☐ Non
		Pages lues ___/___ Je réessaie ? ☐ Oui ☐ Non
		Pages lues ___/___ Je réessaie ? ☐ Oui ☐ Non
		Pages lues ___/___ Je réessaie ? ☐ Oui ☐ Non

Notes d'écriture

Attention : ici se prépare un futur chef-d'œuvre

Notes d'écriture

Notes d'écriture

Notes d'écriture

Et pourquoi ne pas tenter ma chance auprès du Service des manuscrits Hachette Romans : MANUSCRIT_HR@hachette-livre.fr

Index

Page		n°	Titre
22	Chronique	1	
24	Chronique	2	
26	Chronique	3	
28	Chronique	4	
30	Chronique	5	
32	Chronique	6	
34	Chronique	7	
36	Chronique	8	
38	Chronique	9	
40	Chronique	10	
42	Chronique	11	
44	Chronique	12	
50	Avis lecture	1	
51	Avis lecture	2	
52	Avis lecture	3	
53	Avis lecture	4	
54	Avis lecture	5	
55	Avis lecture	6	
56	Avis lecture	7	
57	Avis lecture	8	
58	Avis lecture	9	

Page		n°	Titre
59	Avis lecture	10	
60	Avis lecture	11	
61	Avis lecture	12	
62	Avis lecture	13	
63	Avis lecture	14	
64	Avis lecture	15	
65	Avis lecture	16	
66	Avis lecture	17	
67	Avis lecture	18	
68	Avis lecture	19	
69	Avis lecture	20	
70	Avis lecture	21	
71	Avis lecture	22	
76	Avis en bref	1	
		2	
		3	
		4	
77	Avis en bref	5	
		6	
		7	
		8	

Page		n°	Titre
78	Avis en bref	9	
		10	
		11	
		12	
79	Avis en bref	13	
		14	
		15	
		16	
80	Avis en bref	17	
		18	
		19	
		20	
81	Avis en bref	21	
		22	
		23	
		24	
82	Avis en bref	25	
		26	
		27	
		28	
83	Avis en bref	29	
		30	
		31	
		32	

Page		n°	Titre
84	Avis en bref	33	
		34	
		35	
		36	
85	Avis en bref	37	
		38	
		39	
		40	
86	Avis en bref	41	
		42	
		43	
		44	
87	Avis en bref	45	
		46	
		47	
		48	
88	Avis en bref	49	
		50	
		51	
		52	
89	Avis en bref	53	
		54	
		55	
		56	

Création graphique : © Hachette Romans Studios.

Hachette Livre, 58 rue Jean Bleuzen, 92170 Vanves.

Achevé d'imprimer en Espagne par Unigraf
Dépôt légal 1re publication : octobre 2024
23-4929-0 – ISBN : 978-2-01-628133-8
Édition 01 – Dépôt légal : octobre 2024

Bookcrush
Bingo !
Encore un chapitre
Awesome
10/10